Titles by *Langaa* RPCIG

T0146769

Les murmures de l'harmattan

l'harmattan

Emmanuel Matateyou

Langaa Research & Publishing CIG
Mankon, Bamenda

Publisher:
Langaa RPCIG
Langaa Research & Publishing Common Initiative
Group
P.O. Box 902 Mankon
Bamenda
North West Region
Cameroon
Langaagrp@gmail.com
www.langaa-rpcig.net

Distributed outside N. America by African Books
Collective
orders@africanbookscollective.com
www.africanbookscollective.com

Distributed in N. America by Michigan State
University Press
msupress@msu.edu
www.msupress.msu.edu

ISBN: 9956-616-02-8

DISCLAIMER

The names, characters, places and incidents in this book are either the product of the author's imagination or are used fictitiously. Accordingly, any resemblance to actual persons, living or dead, events, or locales is entirely one of incredible coincidence.

Contents

A

la mémoire de

mon père

Du même auteur

Les sociétés secrètes dans la littérature camerounaise : le cas des Bamoun
Lille, ANRT, 1990

An Anthology of Myths, Legends and Folktales from Cameroon. Storytelling in Africa
Lewiston, The Edwin Mellen Press, 1997

Les nouveaux défis de la littérature orale camerounaise : Ndzana Ngazogo Problématique d'une conciliation du réel et de l'irréel
Yaoundé, Presses universitaires de Yaoundé, 1999

Les merveilleux récits de Tita Ki
Yaoundé, CLE, 2001

Parlons bamoun
Paris, L'Harmattan, 2002.

Dans les couloirs du labyrinthe
Paris, L'Harmattan, 2004

La Princesse de Massangam
Yaoundé, Editions Tropiques, 2006

Palabres au Cameroun
Paris, L'Harmattan, 2008

Avant-propos

Ce recueil de poèmes est un bouquet de fleurs qui exhalent le parfum merveilleux des campagnes et villes d'Afrique où la vie est une véritable poésie. Dans la tradition des aèdes pahouin, le chant et la musique sont au service de la vie et c'est la raison pour laquelle toutes les grandes occasions de la vie de l'homme sur terre sont des moments de célébration de la parole pour bénir ou maudire. La poésie ici est un roucoulement du destin qui affronte les réticences de l'homme qui dit non à la mort. Chant et musique font la vie qui est traduite par des mots exquis, des sonorités et images modelées avec adresse qui produisent un rythme et une mélodie savoureux. La mélopée de *Maneng*, véritable chef d'œuvre de la poésie traditionnelle moderne africaine est un espace où se découvrent les savantes touches du poète traditionnel qui doit pétrir, polir, élaborer, transformer, embellir la matière première que lui propose son imagination vagabonde pour produire une œuvre parfaite.

Les Murmures de l'harmattan est un régal de textes où l'on se trouve constamment devant le couple indissoluble du poème-mélodie qui est courant dans la poésie négro africaine parce que la musique y est toujours infuse. La mélodie ici commente et amplifie subtilement ce qu'expriment la parole et le geste. C'est ce qui caractérise les poèmes de la deuxième partie de ce recueil. L'occasion ici est donnée de redécouvrir les premiers textes de la poésie camerounaise composés à partir de la langue beti par les précurseurs que sont Pierre Mebe, chef catéchiste ayant servi dans plusieurs paroisses, Mbarga Osoño et Lucien Anya Noa qui vont mettre à profit leur verve d'écrivains et publier des compositions d'abord en langue ewondo puis par la suite en français. La plupart des thèmes sont inspirés des Saintes Ecritures et enveloppés de la mentalité qui prévalait dans la période coloniale.

Au total, à travers les poèmes de ce recueil, l'auteur réussit l'exploit de faire murmurer l'harmattan, ce vent desséchant d'Afrique occidentale. Pour que ces murmures ne s'accroissent, au risque de devenir assourdissants, il leur assigne la fonction de charrier alternativement l'amour et la jalousie, la beauté et la laideur, le mensonge et la vérité, le bonheur et le malheur, la violence et la douceur, la joie et la peine, la quiétude et l'inquiétude. C'est dans ce jeu où s'équilibrent parfaitement les contraires que *Les murmures de l'harmattan* traduisent merveilleusement l'harmonie d'un monde apparemment chaotique.

1. Saphir

J'ai une chose à te dire
Et deux choses à décrire
Te dire que tu m'attires
Et décrire les formes de ton corps
Qui sont un beau décor.
Je voudrais te laisser visiter ma ville
Mais je revois encore Cyrille
Qui rêvait de t'emmener aux îles
Et dans les villes du Brésil.
Lui qui tous les jours
Pour te dire bonjour
Déposait un léger baiser sur ta joue
Et t'emmenait aux pieds des acajous
Où votre amour avait vu le jour.

2. Les grandes ambitions

Bonne est l'information
Qui nous met en ébullition :
Il s'agit de l'admission
De notre Nation
A la fameuse initiative
La mission des dirigeants est atteinte.
Il n'est plus question que d'une bonne gestion
L'amélioration de la vie des citoyens
La santé, la création d'emplois, la scolarisation.
Une réussite pas sans conditions :
La démocratisation
La libération de l'économie
La promotion de l'initiative privée…
Mais la pérennisation de cette nouvelle donne

Passe par la moralisation des comportements ;
L'abolition de la corruption ;
Une bonne direction des affaires publiques ;
Une bonne exécution du budget de l'État…
Telle est la vision des « grandes ambitions ».

3. C'était Aïcha…

Elle fit son entrée dans la gare
Alors que la voie se libérait.
C'était une jeune femme
A la peau couleur d'ébène.
Sa chevelure dense teintée de henné
Tombait en cascade sur son dos.
Sa silhouette mince se balançait
A la cadence de ses pas sous son sari.
M'avait-on fait avaler un mauvais gris-gris ?
Je me sentis soudain très las ;
J'étais comme déconnecté.
J'essayai de parler
Mais je demeurai sans voix
Elle m'avait coupé le souffle.
Mon sang se glaça dans mes veines
Tant j'étais tendu.
Le temps s'était arrêté de s'écouler
Elle éclata soudain de rire.
J'étais là, l'air hagard,
La gorge aussi sèche que le sahel.
Comment avais-je pu rester là
Sans dire mot ?
J'avais beau me raisonner,
Cette situation me mettait hors de moi
Car c'était elle, c'était Aïcha,
La Princesse aux souliers d'or.

4. Lucienne

La belle Lucienne
Cette femme mienne
Me rendait plus fou
Quand, assise à côté des miens
Elle attendait mon retour.
Ses cheveux de couleur acajou
N'étaient que le reflet de son cœur doux
Caché dans un corps mou.
Lucienne était un rossignol
Car de sa voix angélique,
Elle fredonnait des chants
Qu'elle seule maîtrisait.
Saisir, mijoter, rôtir, étuver,
Ma cocotte en avait le secret.
Elle savait allier tradition et modernisme ;
Elle avait le secret d'une cuisine délicieuse, Savoureuse
et aux goûts du terroir.
La voir ou même seulement l'apercevoir
Suffisait pour m'émouvoir,
Faire mon bonheur.
Malheureusement, à ses côtés
Et à ses yeux, je ne construisais
Que des châteaux en Espagne.
L'amour que nous semblions filer
Jour après jour n'était qu'un leurre
Car comme le beurre fond dans une casserole,
Il s'est vite transformé en haine
Lorsqu'au cours d'une prise de bec,
Elle m'a fait savoir qu'elle ne cherchait
Qu'un refuge lorsqu'elle est tombée sur moi,
Qu'elle jouait le jeu et qu'elle
N'éprouvait rien pour moi.
Elle m'a avoué que c'est par le biais

3

D'une déception qu'elle s'est retrouvée
A mes côtés et avait décidé de m'utiliser
En attendant de trouver billet qui la conduirait
Vers de nouveaux et meilleurs horizons.
Elle tournait donc ainsi notre page
Et sans autre mot elle m'a quitté
En me laissant perplexe dans cette
Ville aux maux innommables.
Heureusement, elle m'a laissé sain et sauf
Au sein d'une société qui transforme
Les saints en démons.
Ah ! Lucienne, elle m'a donné la preuve
Que le diable se cache
Très souvent, sous les plus belles dentelles.
Elle a clos le bal de ma vie
Car ma balle était dans son camp.
Pourrai-je encore aimer ?
Ah que non !
Toutes les femmes ne sont que Dalila
Ah que oui !
Elles sont un mal nécessaire.

5. Si j'avais su

Oh ! Jeunesse sans conscience
Où vas-tu de ce pas si pressé
A cette heure de la science
Où chacun doit savoir profiter ?
A dix-sept ans l'enfant fait fi
Des conseils que lui donnent les parents
C'est-à-dire bien étudier à l'école
Pour mieux construire son avenir.
Le petit Serge, lui, se croit déjà assez grand.
Il tourne dans le quartier comme un paon

Sans voir passer le temps.
Ne voyant pas clair à l'école,
Il se vante devant ses multiples petites
Et refuse de croire aux dangers de la précarité.
Quand après une bière bien tapée,
Il se rend en boîte pour se gâter
Et surtout avec des filles ratées
Qu'il va sans tarder lober ou zapper.
Devant ses amis il ne peut que gonfler,
Et passer pour un responsable, un héros.
Dans le coin il est connu de tous
Il suffit qu'il tousse
Pour qu'on se renseigne sur ses randonnées.
Si ce n'est pas une MST
C'est la nouvelle d'une grossesse non désirée
Que l'on vient lui annoncer
De la part des petites laissées en jachère.
Comme un handicapé de la vue,
Il avance sans voir la voie qu'il suit
Et pourtant c'est sur un mauvais chemin
Qu'il s'est engagé.
Et quand il en sera las
Il sera déjà tard
A cause de ses multiples tares.
Comme s'il avait essayé et n'avait pas pu
Il dira, SI J'AVAIS SU.

6. Mes saints

Tous les saints de la semaine pascale
Ont ceint leurs têtes
De turbans bleus en signe
De paix, pour une nouvelle alliance.
Tous ont mangé un repas sain
A la même table au sein
Du grand joyau que je ceins
De jolies fleurs chaque jour
Sans qu'il y ait un seing
Pour le consensus de l'amour.

7. Et nous ?

Le grand homme, à la source ira
Emportant la kora, il jouera
Avec les chœurs d'opéra
Il parlera du péculat,
Sans cesse entreprenariat
Rebondissant des scélérats,
Qui partant du secrétariat,
En partenariat avec le provincialat
Atteint le principalat
Que la perestroïka sous un jour mat
Et dans l'anonymat, en compagnie des prélats
Et du professorat restaure le prolétariat
Que le patronat cesse d'envoyer le mandat
Au pays lointain des extra,
Pour être élevé au patriarcat
Et se prendre pour un patriciat
Alors que l'enfant sous protectorat
A besoin d'un préceptorat,

On le laisse à l'orphelinat
Ferme les provisorats et les principalats
Au profit du pensionnat.
Et nous, en conglomérat,
Que pensons-nous de ces patriotards
En agrégat ?
Sortons de la maffia
Faisons preuve de maestria.

8. Hilaire

Hilaire, quelle misère !
Tu veux me faire croire
Que de ton cœur je suis la reine
Alors que pour toi
Je ne suis qu'une petite mondaine.
C'est elle la belle Isabelle
Que tu as élue comme telle, oui c'est elle
La reine de ton arène de puritaine.
Cette Isabelle qui joue les rebelles
Parce qu'elle se sait belle et intellectuelle.
Pourquoi m'as-tu mentie
Que c'était moi ta reine ?
Sais-tu querelle dans laquelle tu nous mêles ?
C'est infidèle de la mener jusqu'à l'autel…
Je n'ai plus qu'à attendre attristée
Le prochain hiver, dans cet univers amer.
Hilaire, fais attention aux revers
Qui peuvent casser ce verre.
Dans lequel tu as logé ton ver démoniaque.
Même si tu demeures vieillard encore vert,
Pour moi tu n'es et ne resteras qu'un pervers.

9. Le loup

Toujours là, jamais las de ta compagnie
Ton riz tu le manges et ris avec lui.
Sourire aux lèvres, tu lèves ton verre vers lui
Vos voix laissent entrevoir des voies unies
Cette fois, tu crois avoir un homme de foi.
Tu te fies à sa fidélité
Et fais fi d'un pire probable.
Ta moitié, ta fille, ta vie,
Ton fric, tu lui confies.
Ainsi armé, sans âme,
Il fait tomber son masque !
Contre toi ce tourmenteur se retourne
Et te tourne en ridicule !
Il te vend à tout vent à tes ennemis
Tes biens il s'en approprie
Et pousse un ouf de soulagement.
Enfin, il sent l'envie
De verser ton sang sans sentiment.
L'homme est loup de nature,
Attention aux apparences !

10. Pause café

Nonchalamment, elle cherche des yeux
Un crochet où percher sa chère veste
Que la chaleur de la sécheresse accable.
Son regard se pose sur l'horloge : 10 h
Tel un chat, elle se laisse choir sur la chaise.
Ma foi, voilà son arrivée quoi !
Elle reste d'abord coi puis toise trois fois
La soixantaine de dossiers

Qui gisent là depuis des mois.
Soudain, elle a soif et doit aller boire avec joie !
Alors, elle revoit d'abord le vernis sur ses doigts
Le boulot comme toujours est remis à plus tard
La foule qui l'attend
Depuis presque trois heures peut bouder
Elle les foudroie tous du regard
Et en faisant la moue,
Dit doucement : <<Pause café>>.

11. Pieux et heureux

Pieux et heureux
Ce vieux monsieur
Contemple les cieux, lieu beau et mystérieux.
Il voudrait créer avec mille jeux
Un monde généreux
Pour les yeux bleus des miséreux.
Quel est ce dieu créateur du beau lieu
Des ténèbres soyeux et du vent douteux ?
Ce vieux ne s'est jamais senti si proche de Dieu.
Dans le creux de nos cœurs
Dans le vide de nos vœux
Que jaillissent des signes précurseurs
D'un monde sans leurre
Et sans rancœur.
Si peu de ferveur
Dans les cœurs
Augmente la peur de ce gêneur
Des petits dieux honteux
Qui font régresser l'Afrique.

12. Deux gamins

Deux gamins, sur leur chemin
Entendirent une haleine près de la route
Dans un jardin de fleurs sur une gamine.
Ebahis, ces écoliers sursautèrent en criant
Ce fut très tôt le matin, tout en passant.
De qui et d'où viennent ces cris ?
Ils virent bouger les herbes flétries
De là sortit une belle fille du nom de Rose
Seule, torturée, violée au milieu des roses.
Ils furent pris de panique par sa pâleur
Et ne purent s'imaginer quelle fut l'ampleur
Qu'a pu prendre le problème durant des heures.
Puisse- t-on s'arrêter pour s'enquérir de ce sort ?
Rose quitta ces lieux qui lui causèrent du tort.
Le carnassier, derrière elle se leva,
Porta seau, habits, chaussures et marcha.

13. Je t'ai désiré

Mon bébé,
Dieu seul sait à quel point je t'ai désiré
Tu es venu au monde pour moi
Tel un cadeau tombé du ciel, je t'ai aimé
Et j'ai voulu te protéger
De ce monde mauvais et pervers,
De cet univers où rien n'est plus vert.
Tel que présenté dans les vers de Prévert
Tout est à refaire, dans ce monde à l'envers
Où nos enfants n'ont plus de repères.
La paix a fait place à la guerre,
Transformant nos vies en enfer,
Cruel revers,

Pour une génération innocente et sacrifiée.
Plus de place au sacré.
Le monde appartient désormais aux damnés,
Partisans du mal, dans une société
En mal de vie.
Que de pleurs, que de rancoeurs
Dans les cœurs des hommes
Qui ne connaissent plus le bonheur
Mais rien que le malheur et la peur.
Peur du prochain, peur des lendemains,
Peur d'une vie cruelle et sans fin
Où les hommes ont tous faim.
Ils ne connaissent plus le goût du pain,
Ni celui du vin.
Triste destin.
Horrible dessin pour un tel destin.
Quoi de plus malsain,
Qu'un monde sans saint.

14. L'eau

Je n'oublierai jamais ces années pleines d'eau
Ces années humides où les épreuves étaient l'eau,
Puisque l'eau coulait et coulait partout et fort,
Ô, comme les eaux de la chute d'Ekom - Nkam !
Je n'oublierai jamais ces années pleines d'eau
Où l'Office du Bac allait à vau-l'eau
Ces années où inexorablement,
L'Office du Bac tombait dans l'eau…
Et les maraudeurs,
Ces gens qui ont l'eau dans la tête,
Apprêtaient l'eau-de-vie pour célébrer
L'évènement, la conscience tranquille,
Claire comme l'eau de roche
Et criant partout « L'eau c'est la vie !»

15. A l'Église du Saint Père

Tous de la cinquantaine
De l'Église du Saint-Père
Dont ils ont obtenu le seing
Cinq saints après avoir ceint
Le diadème de la sainteté
Vont en pèlerinage singulier.
Tenaillés par la fatigue
La faim et la marche
Ils conjurent des forces de tous les saints.
Hélas !
L'apport ne dure que le temps d'un éclair
Ils invoquent la miséricorde divine.
Et bientôt, à bout de force.
La persévérance émoussée,
L'un d'eux s'écrie :
« Je ne sais plus à quel saint me vouer ! »
Par pur providence,
Une femme à la poitrine opulente
Surgit du sein de la forêt et réplique :
« Vouez-vous à mon sein ! »
A ces mots, les quatre tombent en syncope
Et le dernier de trouver chez elle du repos.
Dans le palais de celle-ci,
Il grince la guitare en tout temps.

16. Tel un voile

Un enfant ne sut qui fut son père
Qu'à l'âge de trente ans avec repère.
Sa mère était tout ce qui restait de la paire
Jadis formée et ce fut un jour éclatant
Pour ce petit qui était resté ignorant longtemps.
Pour n'être pas servi à temps
On le voit tout tranquille qui tend
Le bras vers un avenir reflétant
Ce beau jour en se grattant
A l'ombre d'un arbre sifflotant
Maman, maman, maman, o mon père
Grâce à cette magnifique paire
Formée de papa et toi, unie par le maire
De la localité, o mère,
Tu m'as porté durant neuf mois
Et tu as tout fait pour moi.
Je te confonds à un voile
A travers la manière dont tu voiles
Les secrets de mes pères sans taire
La vérité à propos de nos terres.

17. Mélodies

Ses mélodies sont si envoûtantes
Que le saint se délecte de ses partitions.
Bientôt rejoint par la femme
Ils grincent
A l'africaine
A l'américaine
A l'européenne
A l'asiatique
A l'australienne.
Le saint s'y plait
Qu'il grince deux jours durant
Deux jours de véritable pèlerinage
Deux jours d'ascension psychosomatique
Deux jours loin des serments
Et pleins d'expériences inédites.
Alors qu'il tente de rejoindre ses compères,
La tête fourmille de questions
Quant à savoir si la guitare se joue mieux
Le matin, dans l'après-midi, le soir,
Au beau milieu de la nuit
Ou alors à volonté et selon l'imagination.

18. Ma meilleure petite…

Ma meilleure petite est si jolie
Je l'aime à la folie
Ses ndombolos dans un jeans emballés
A longueur des journées me font rêver
Avec de douces caresses
Elle me fait oublier faiblesses.
Son absence me cause mille frayeurs
Car j'ai peur des bon-payeurs.
Vous êtes sans ignorer
Que je ne suis qu'un foiré.
Ma petite dit du ventru
Qu'il n'est qu'un vilain intrus
Jouant le rôle du sponsor
Et m'assure que c'est moi le trésor.
Un jour alors que je grimpais une pente
Je rencontrai une belle guitare
Fraîche, claire et surtout très fascinante
Avec des nacots lui donnant l'allure de star
Celle-ci tapait sa devanture généreuse
Du haut de son balcon.
Il a suffi d'un regard admirateur de ma part
Pour qu'elle eût le macabo et me traitât de canard
Elle me versa, me déposa et me lava à part,
Me rappelant que je n'étais pas son style
Le genre de café avec lequel elle file
Et elle, pas le genre de cacao
Qu'on rencontre au calao.
Bref, elle ne traitait pas
Avec les dormeurs comme moi.
Car ma guitare donnait du bonheur, ma foi
A tous les gros poissons et cous pliés…
Depuis plus d'un an elle se cherchait.
Maintenant elle est en haut comme magnan
Elle est connectée et a de grands tuyaux.

19. Tout est vain

Jour après jour, ces idiots
Que l'on prend pour des idéaux
Sans foi ni loi, ne pensent qu'au moi.
Oui, c'est l'homme politique !
Dans ses campagnes
Il promet de transformer les campagnes.
Le vent emporte ses promesses
Comme le van de la gare porte le gars.
Il vend son âme au diable
Dont il dérive ses dons diaboliques.
Les vagues lavent sa conscience vague
Il est sûr d'être sur le monde
Assez mûr pour élever des murs autour de lui.
Sa main est barbare
Il se baigne dans l'argent
Son pain, c'est les fonds publics.
Boit donc le meilleur des vins
Mais tout est vain hélas !
20. La vie
Si je pouvais savoir qui je suis
En cette terre qui tourne jour et nuit
Cette nuit lugubre qui souille et noircit ma vie
Et ayant des séquelles et effets pervers.
Mais comment saurais-je qui je suis
Quand ma vie est vide et guidée par les ivrognes
Et que ma vue est voilée par la suie
Alors qu'il m'échappe !
Oui m'échappe le sens de l'ouie ?

21. A tous

Cette belle plantation
Où il y a toujours inondation
Et où on pèse tout
Même les porte - monnaies
Mais où la circulation
Du maire et du millionnaire
Est tout à fait ordinaire.
Tous se rencontrent dans la mer
Pour avoir un mets
Qui ne dure que quelques minutes
Même la mère d'enfant s'y rend
En mai pour trouver la ration
Qui n'arrive jamais chez son titulaire.
Attention ! Les employées de la plantation
Ne sont que des sangsues chez un client
Et si ces sangsues suçaient sans cesse
Son sang, son soin serait sans succès
Ça c'est sûr !

22. Meurtrissures

J'étais si jeune dans ce monde terne
Le jour où parée de bijoux
Dans cette contrée je t'ai rencontré
Rappelle-toi cette gazelle
Sous la belle lune.
Saoul d'émotion et d'admiration
Tu m'as dit cent fois sans frémir
Mais sans foi, ton amour
Souviens-toi de ce jour où sous ce toit d'or
Nous nous sommes adorés pour la première fois

Doucement sur ce nuage doux comme un nounours,
Emportés par cet irrésistible arôme de menthe
Tu m'as juré avant la levée du jour
Ton amour pour toujours.
Tel l'harmattan suivant son cours
Cette silhouette flottait dans le noir
Comme la sirène noire,
En fête dans les eaux de Mambain
Oh splendeur ! A cette heure je chante
La douceur de cette chaleur
Qui autrefois fit mon bonheur.
Pagnol, mon rossignol, mon mignon, le sais-tu ?
C'est avec ce cœur saint que je t'idolâtrais
Sans foi tu l'as meurtri de cette rancœur
Sept fois, de larmes, tu l'as attendri
Mais cette fois-là, tu as prononcé des mots
Qui conjurent aujourd'hui mes maux.
Sur ce mont couvert de verdure,
Je chante mon désespoir qui t'enchante
Sur ce sillon vert écoute ma déception
Dont le poids brise ma raison
Tel un verre et me hante.
Dans cet air frais mon cœur
Perdu et torturé de coups durs
Pleure et erre à travers un univers divers.

23. Le bâton de manioc

Me voici donc !
Wa ! Je suis le bâton de manioc.
Wa ! Regardez-moi !
Me voici donc.
Wa ! J'ai souffert et continue de souffrir
Pendant toutes les saisons.
On m'a déterré
On m'a trempé dans une marmite d'eau.
J'ai faibli.
On m'a écrasé sur la pierre
Wa ! J'ai ramolli.
On m'a mis au feu.
Wa ! On a entassé mes branches
On les a brûlées sous moi
Wa ! J'ai cuit.
Je suis devenu nourriture.
Wa ! On a encore pris mes feuilles
Avec lesquelles on m'a mangé
Wa ! L'homme m'a avalé
Je suis descendu du côté gauche
Dans son gros ventre.
Je vais partir de là
Wa ! Pour retrouver la terre
Et faire la fête
Aux mouches et aux asticots.

Pour Joseph Kamguia,
A la muette cendre
de notre amitié éternelle

24. Maneng

Maneng, ô ma Maneng !
Maneng s'est irritée contre moi !
Maneng , ô ma Maneng !
Qu'ai-je donc fait pour mériter ta colère ?
Dis, ô ma Maneng,
Quelle offense t'irrite contre moi ?
Quelle querelle donc nous oppose
Pour que tu t'en ailles sans adieu ?
De ces paroles d'amour, le jour que tu sais
Te souviens-tu ?
Te souviens-tu de nos engagements
En compagnie de Mafeutseu Mogueu[1] ?
De nos premiers mots d'amour à Denja[2],
Te souviens-tu ?
C'était en compagnie de Dogmaleu
Que ces paroles reviennent en ta mémoire
Et tu reviendras à moi.
C'était en compagnie de Dogmatchuendem à Kouopé[3].
Ma Nenkam, autrefois, à chaque retour,
Je trouvais le feu allumé,
Maintenant, là où était ce feu,
Je n'ai que mon briquet pour dissiper les ténèbres.
Autrefois, à chaque retour,
Je trouvais un feu d'amour
Mais maintenant,
J'ai ma pipe pour seule compagne.

---

1. Mafeutseu Mogueue : Amie de Nenkam Anne
2. Denja : cours d'eau séparant Boukwé de Souoh
3. Kouopé (sans complément) : désigne le quartier de Nenkam Anne situé dans le village Demgo à Baham dans la région ouest du Cameroun. *Maneng* est en fait une mélopée populaire de la région bamiléké racontant les déboires d'un mari. Djoko Pierre est un barde très connu de cette région pour avoir été le principal diffuseur de *Maneng* dans plusieurs funérailles et convivialités traditionnelles.

Ma Nenkam, dans chaque foyer
Les gens de mon âge,
Dégustent le taro
Et réservent le couscous pour le lendemain
Mais, moi, je fais du maïs grillé mon festin.
Gotam, les gens de mon âge
Dans chaque demeure
N'ont que l'embarras de choix
Entre des mets au goût exquis
Et moi, pour tromper ma faim,
Je n'ai que mon tabac.
Je me croyais au-dessus des pitances
Qui contentent le célibataire
Et voici que je suis retombé
Au rang des esseulés
Te le dirais-je, Ma Nenkam ?
Maintenant, je me rassasie des bâtons de manioc
Et les graines grillées d'arachide
En sont le seul assaisonnement.
Autrefois, c'est avec mépris
Que je regardais Tébou
Je le voyais manger du manioc
Au marché de Bansoa[4]
Mais maintenant, je m'en régale
Dans ma propre patrie,
Et les graines grillées d'arachide
Sont mon seul assaisonnement.
Passe encore d'en manger ainsi
Lorsqu'on a des dents.
Moi, quand j'en mange, je dois cacher
Une honte plus terrible encore.
Quand j'en mange, je me cache
Je me cache, car je n'ai plus de dents.

---

4. Bansoa : localité voisine de Baham située après Bamendjou ; il y existe comme
dans la plupart des villages bamiléké un grand marché hebdomadaire.

O femme aimée de Fopinpo !
Femme adorée de tous les chasseurs !
Femme digne de tout tsum !
O femme qui un jour me préféra.
Femme aimée de Dogmaleu
Femme chérie de Dogmatchuendem
Femme adorée de Tabouhoua
Toi que j'aime et qui m'as aimé.
Fais bouillir de l'eau pour le couscous
Moi, j'irai visiter mes pièges pour la viande
Bien aimée, aimes-tu la perdrix mâle
Ou préfères-tu la femelle ?
O ! Mets de l'eau sur le foyer ;
Que j'aille visiter mes pièges
Au bord du ruisseau.
Jamais, jamais,
Je n'ai vendu de perdrix
Si ce n'est pour t'acheter de l'huile.
O ! Ils m'ont fourvoyé ! Les sorciers !
Me persuadant de repousser moi-même
Mon aimée loin de moi.
Comment, comment, ont-ils pu prétendre
O ! Ma Nenkam,
Que tu cachais des gris-gris sous le lit ?
Comment ont-elles pu affirmer
Que tu manipulais des gris-gris ?
Cette Mémaguia ? Cette Mébopda ?
Cette Méguemdjo ?
Quiconque destine une sauce aux sorciers
Qu'il y mette de la cendre
Toute demeure où vous les trouverez,
Gardez-vous d'y pénétrer.
Là où vous les trouverez, n'approchez pas
Les Medjuidje, Les Méguiadem, Les Téfodjo.
Ah ! Que n'étaient-ils tous sous le même toit !

Avec quel plaisir j'y mettrai le feu.
Ah ! Qui saura les regrouper tous
Et les précipiter tous au fond des eaux
Ce sont les divinateurs de l'avenir
Qui m'ont induit en erreur
M'incitant à repousser
Mon amour comme une ordure.
Que n'étaient-ils des tarentules
Comme je les brûlerais dans leurs terriers !
Que je rencontre mille malheurs en chemin
Si j'ose encore aller chez un oracle.
Vous tous, sorciers, oracles, divinateurs,
Vous oublierez la porte quand le feu
De la malédiction consumera vos cases.
Un arbre est tombé à Souoh
Et il est venu m'écraser à Tsum.
Kam Gakmo l'auteur de tous mes maux
Kam Gakmo est de Souoh !
Et certes, ils sont mes voisins,
Les gens de Souoh
Jamais je ne leur emprunte le feu.
Certes je vis près de Souoh
Mais, jamais,
Jamais je ne chasse chez ces gens.
Si jamais tu vas à Souoh,
Arme-toi, arme-toi de piment.
Etre purgé avec du piment,
C'est la malédiction
Que je lance contre les gens de Souoh.
Mais si Kam Gakmo me terrassa
Ce fut Bogne qui me trancha la tête.
Kam Gakmo, le mastodonte
Kam Gakmo aux pieds qui refusent les chaussures.
O ! Kam Gakmo, le trop grand ! le difforme !
Qu'as-tu donc fait pour mériter que Nenkam

t'appartienne ?
Est-ce donc toi qui achetas l'huile à ses parents ?
Est-ce toi qui leur donnas du bois ?
Mais il existe plus d'un Kam Gakmo.
Le plus redoutable est à Souoh certes,
Mais son émule est à Beng
C'est Kamdem, fils de Mawabo,
L'entremetteur, le traître !
A Kouopé si jamais tu t'y rends
Prends garde à la colline de Djilo Guiadem.
Sur le versant de la colline Djilo Guiadem
Un jour, j'eus trois chutes, avec trois fagots de bois.
Sur la colline de Djilo Guiadem
Un jour, Oh ! Quelles chutes j'ai connues !
Je tombai et me relevai,
Puis, retombai et me relevai encore.
Si jamais tu te rends à Kouopé
Munis-toi d'un sifflet.
Si jamais tu vas à Kouopé
Arme-toi de piment.
Et si tu as de l'argent
Garde-toi de prendre une fille de Kouopé !
Si avec ton argent tu te rends à Kouopé,
Ta vie ne sera que procès.
Amasser de l'argent pour se rendre à Kouopé
C'est vendre son chien de chasse.
C'est troquer son chien fidèle contre
L'adhésion au groupe des danseurs stériles de Lali.
O ! Les descendants de Maguiakam !
Ces gens qui n'éprouvent pas de honte !
Quoi qu'il y eut un homme mûr dans la maison,
L'eau de la cuisson déborda et éteignit le feu.
Kamdem, fils de Maguiakam
L'homme qui donne le feu avec de la paille mouillée.
Entends ma plainte avec un esprit mûr

Règle cette querelle
Avec un esprit instruit par le temps !
Parle, père Defeugain !
L'homme qui à son intime n'offre le taro
Que sur une feuille de tabac.
Parle ! Fais entendre ton avis.
O ! Kuissi, fils de Maguiakam
L'homme trop petit pour passer le seuil d'une porte,
L'homme qui pour passer le seuil de la porte
Se hisse sur une chaise.
Médom, fille de Maguiakam
Les branches sèches qu'autrefois
J'amassais pour ton feu sont tombées des arbres.
Pour qui donc les ramasserai-je encore ?
Kambou, fille de Maguiakam
Les feuilles de « Kwa » sont sèches
Que j'offrais pour te réchauffer.
A qui donc les offrirai-je encore ?
O ! Tagne ! L'homme à la taille démesurée !
O ! Médom ! La trop élancée !
O ! Kambou ! La trop grande !
O ! Defeugain ! Le mal bâti !
Quelle monstrueuse famille vous formez !
Ce n'est que de ce qu'il possède déjà
Que l'homme peut oublier le prix.
J'ai embrassé un jour le bois du lit
Croyant tenir Nenkam dans mes bras.
O ! Ma Nenkam, la douceur de mon lit.
O ! Ma Nenkam, plus douce que l'oreiller.
O ! Lit le trop élevé où j'aspire.
Comme je voudrais me hisser jusqu'à toi !
Est-ce de n'avoir pas d'enfant que tu te plains ?
Mais dis, où est donc le marché aux bébés ?
Montre-moi le marché où se vendent les enfants ;
Montre- le moi, je paierai le prix.

Engendre donc des jumeaux à Bafoussam
Et nous veillerons ensemble sur leurs premiers jours.
Ecoute, appelle au jour des jumeaux et reviens.
Nous appellerons au monde leur cadet.
Et si c'est l'indigence qui cause ton chagrin
Que ne vas-tu en informer Djemboun[5] !
Est-ce des chaussures que tu enviais ?
Va donc en demander à Nkongsamba.
J'ai pensé que Maneng aspirait à l'enfant ;
Mais, elle ne voulait qu'un couvert de luxe.
J'ai cru que Maneng aspirait à procréer ;
Mais ce qui l'attirait
C'étaient des chaussures à hauts talons.
O ! Que n'ai-je eu la chance de Fotso fils de Mekam !
C'est Mafeutseu, fille de Mogueu que j'aurais épousée.
En revenant du marché,
Je lui garderais toujours une surprise nouvelle
Et, toujours elle me rendrait la pareille.
O ! Sort déplorable que celui de Demgne et le mien !
Maudit est mon Destin, maudit celui de ma sœur.
Stérile elle est restée
Et moi, je demeure vieux garçon.
Mais quel est donc ce trésor que j'ai perdu
Pour ainsi épuiser ma vie à le chercher ?
Qu'est-ce que je reproche au Destin ?
Il faut que je me taise.
Quel patrimoine ai-je perdu
Pour ainsi chercher sans fin ?
Il faudrait que je me calme ;
Mais comment le pourrais-je ?
Quel créateur m'a façonné
Pour que ma vie ne consiste

---

5. Djemboun : localité située entre Bafang et Mélong sur l'axe Bafang-
Nkongsamba, appelée aussi Kékem, zone très fertile et propice à la culture
de rente comme le café, elle représentait à l'époque de la chanson de
Djokamwo, un lieu idéal pour s'enrichir.

Qu'à pleurer sur mon sort ?
Qui donc m'a créé
Pour que mon lot ne soit que regrets ?
Et moi qui ai tant pleuré tant d'autres,
Qui donc me pleurera ?
Médite et dis-le-moi
O ! Cher Takoutchouop !
Comment sortir des mains cruelles du Destin ?
Les malheurs s'acharnent contre moi
Et il n'y a nul autre que moi pour le déplorer
A quoi m'a servi l'argent si péniblement amassé ?
A m'exposer à la risée publique ?
Jour après jour, on me regarde
Comme une étrange curiosité.
De jour en jour je suis dévisagé
Par des regards étonnés.
On m'a repoussé hors de la communauté,
Et notre Demgne[6] avec moi !
Qu'on transmette ce message à Nenkam :
Qu'on lui dise que je me suis converti.
Qu'elle revienne. O ! Qu'elle revienne.
Je suis devenu chrétien.
Allez dire à Nenkam, je vous en supplie
Que je crois en ce qu'elle disait.
Je me suis inscrit à la paroisse de Dembeng[7]
Et j'ai Pierre pour prénom.
Mon amour s'appelle Anne Nenkam
Et moi Pierre Djoko.
Mais, ô que me sert-il d'avoir changé de foi ?
L'heure est passée, passée à jamais !
Voyez quel malheur m'a saisi
Et Dzutseu ne daigne pas s'en informer !
Qui donc a su me prendre en pitié

---

6. Demgne : Sœur aînée de Djoko Pierre.
7. Dembeng : Djoko Pierre participa à la construction de cette paroisse.

Si ce n'est Dzu Tcheunyom Tchuenkam ?
O ! Voyez combien j'ai pleuré !
La reine Gayap n'est-elle donc pas chez elle ?
Mais si à me consoler elle y pense,
Que ce soit avec Tseukemdjo,
Avec Tseukemdjo ou rien.

A

Pierre Mebe
Mbarga Osoño
Lucien Anya Noa
Joseph Nzinga

Ces nourritures de l'esprit préparées
par vos expertes mains.

Nkul bidi (*Lucien Anya Noa*)

Ozu di man emvumvum mboñ
Obe fe bo kodo kodo
Koko kodo ayanga mese
Nge manyañ wa emvola
Okodo asi, onga zu avol dul
Oyene abum emgbingbim
Manyoñ abi

25. Tam-tam d'invitation à déjeuner

Viens manger une miette de manioc
N'y mets pas du retard
Le retard attend toutes choses
Si ton frère te convoque ainsi
Tu te lèves pour vite marcher
Si tu vois le ventre bien tendu
C'est que frère a attrapé du gibier

Nkul adzo (*Lucien Anya Noa*)

Bikean a ekoan metsob
Minlañ dibi le kidi
Minyanda ngongogele ese
Bitam bo ban minkad
A okañ, minkad ve a okañ
Bod beasiñ ma a ziñ
Bod beafem ma a zeze
Meandzi ki noñ eza dzom
Bike soñ mam mele
E dibi le kidi dina
A mvog tara, ngog
Mod abe a feke a nsol esie
Nsol esie oayanga mod emen.

26. Tam-tam de palabre

Allons à l'épluchage des fautes
Les projets se forment à l'aube
Les regrets naissent le soir
Il nous faut de petites explications
Dans l'intervalle, oui, à l'intervalle
On me déteste sans motif
Je n'ai rien pris à personne
Allons examiner ces choses-là
Dès cette aurore
Fils de mon père, parbleu
Que personne n'aille à sa tâche
La tâche attend son maître.

Nkul akoñ (*Lucien Anya Noa*)

Wogan na, wogan na
wogan na, wogan na, wogan na:
Mfvog Tsungui: Mbala afifidi abwi.
Mvog Tsungui: Mbala afifidi abwi
Mvog Tsungui: Mbala afifidi abwi
Ma Onambele, mod ase dzom
Besiñi hm wa nyia-ziñi
Ndoman Onambele Ela
Enye balum a ndoñ
Sosoe awodege ntem
Nga Ongene Akoa
Ye Mvoñü Elumbesa
Ban Zanga Kosege

27. Exhortation

Ecoute-moi! Ecoute-moi! Ecoute-moi!
La famille Mvog Tsungui-Mbala
Fonde son espoir sur le grand nombre
La famille Mvog Tsungui-Mbala
Fonde son espoir sur le grand nombre
La famille Mvog Tsungui-Mbala
Fonde son espoir sur le grand nombre
A toi. Onambele (surnommé) :
« L'homme ne vaut pas par sa corpulence ! »
Qu'on te haïsse d'une haine véritable
Fils d'Onambele Ela
C'est lui qu'on perce de lances sur un escarpement
Sans que le saki cesse de ronger la branche
Petit-fils de la femme d'Ongene Akoa
Eloumbessa et Zanga Kosege,
Man kal Ebode Ambani
Bod beve ma man nkom
Bod beve veg ma man belü
Bebü ma ane mbol beabü ntui kabad
Mene etam ane kongoe
Nge oadzugi etam
Nde one ai bod amvus
A mvog tad, ngog
Kodam a si a ngod ngod ngod
A mvog tad, ngog
Miwulugu avol mbil, ngod, ngod
Miwulugu avol dulu
A mvog tad, ngog
Na na na na na na
Fils de la sœur d'Ebode Ambani
Les gens m'ont regardé comme un captif
Des gens m'ont comparé à un esclave
Ils m'ont traité comme un bouc crevé

Je suis tout seul tel un vieux sanglier solitaire
A se peiner tout seul
Alors qu'on a des hommes derrière soi
Fils de mon père, quelle pitié !
Levez-vous comme des braves courroucés
Fils de mon père, miséricorde !
Marchez d'un pas rapide, rapide
Fils de mon père, vite Ainsi ! Ainsi ! Ainsi ! Ainsi ! Ainsi !
Ainsi !

Mfolo mon (*Lucien Anya Noa*)

Tara angawoe ma ai mfolo mon.
Mefolo afolofolo, mekad kad.
Mefolo afolofolo, mewoal'a fia,
Mebara meke toe : mintie mi mon ;
E dzom yaso mod a abum : mbol mintie.
Mebara meke toe: mebil'a mo.
Ye mengadi elog ekom, elog abie?
Te na wabebe dzob se, obebege ngon.
Dzob lekar dim se, ngon efaag,
Dzob ane meseimba ane nnem ai zan.
Kada angadzo ai nia na te wake beme:
Obombogo ngon ebè, oza'y etun.
Etun ebeme ntie, ma ai wa etom
Kada mekol e, mvaa te mekol,
Ongenga ongos e, mesameza ebul.

28. Mon petit chéri

Mon fils va m'exténuer par cette berceuse
Je chante, je chante, je chante et je me lasse.
Je chante, je chante, je chante et l'abandonne.
Et je le ramasse par tendresse maternelle.
Comme on est sensible au fruit de ses entrailles !
Derechef je le ramasse et le caresse.
Ai-je mangé l'herbe de stérilité
pour celle de fécondité ?
Suis-je de cette stérilité qui n'a point d'enfants dans les mains ?
Ne copie pas le soleil, imite plutôt la lune.
Le soleil disparaît alors que la lune brille.
Le soleil est aussi mystérieux
Qu'un sorcier brigand à minuit.
Le crabe a dit à sa mère : « Tu n'iras pas tarder.
Tu passeras deux mois et reviendras au troisième.
Si tu tardes davantage, tu auras à faire à moi. »
Le crabe a des pieds, mais l'ablette n'en a pas.
La crevette géante ne s'attrape qu'au neuvième tour d'épervier.

Biki (*Pierre Mebe*)

A mün kristen…
Dzeñe ne oki
Edzi ese ene eki
Ne oke wu kii
Amu nti y'angakili
Andziki ve eki
Ve asu adiñ biki
Angave eki
Ne ozoa bü ekamtid
Ne amos onwu okidi
Mbol onganyie biki
Oke bele mfi
Y'ane akidaki

29. Les interdits

Jeune chrétien
Tâche de t'interdire
Tout ce qui est interdit
Pour mourir sans avoir
Transgressé un seul interdit
Car le Seigneur qui interdit
N'a pas interdit
Par amour des interdits uniquement
Il a interdit.
De peur que tu ne deviennes un épouvantail
Afin que demain, à l'heure du repas
Pour avoir observé les interdits
Tu ailles recevoir ta récompense
Parce que tu as gardé
La loi du Seigneur qui est la dignité incarnée.

Fulu afan man beti (*Pierre Mebe*)

Ewondo màn Kolo Beti man Rabia
Andzi afañ, andzi mbga bod
Adiò beyeñ, adiñ beyebesoo, adiñ mod-nnam.
Avuman ane atud a meki me Awundza.
Angaso kidi a meki me mvoñ-bod
Atoban ai man Kolo, aloe nye na : « Matsida »
Abadan ai nye, asugu nye akpim kpim
Abadan ai nye, asugu nye akim kpim
Afañ ane nye a nnem, afañ tege ai suga
Adiñ awog na: « man tara ane akab »
Fulu akab te yadu nye bod nted
Abaa ane nye atud ai beyeñ be mvoñ-bod
Atoñ beyen, atoñ bewulu
Tege ai nsenge a fulu akab Ewondo
Ayi ki maan, ayi he duma ne ake a nnam nnam.

30. Hymne à l'homme beti

Ewondo, fils de Kolo, fils de Beti,
fils de Nanga, fils de Rabia
Connaît la générosité, connaît l'affabilité humaine.
Il aime les hôtes, les étrangers, les autochtones.
Le sang d'Awundza est plein des sentiments de parenté
Ceux-ci ont leur origine matinale
dans le sang de la semence humaine.
Rencontre-t-il un Kolo, il l'appelle :
« Mon frère.»
L'embrasse et le salue avec fermeté
La générosité sise au fond de son cœur est une générosité
sans fin.
Il aime à entendre dire : « Le fils de mon père sait
partager. »
Cette vertu du partage lui attire cent partenaires
Son salon est plein d'hôtes de la semence humaine
Il nourrit les hôtes, nourrit les voyageurs
Pas de bénéfice dans la vertu du partage des Ewondo
Ce qu'il recherche c'est uniquement une gloire qui parcourt
les pays.

Alana Mbarga Osoño

Ge mod asso na a Ewondo
Be « vers » beabobo kig
Alaña Mbarga Osoño
Antsog ntsogan mfe
E dzom bealoe na prose
Ye vers a nkobo ntañan
Te doe wabo bisoo
Ene fe a nkobo waan
Kele vagolo nkud-biban
Ayiaga: kob edzoo!
Eban ene << vers ewondo>>
Kob dzia, ebé, ela nge enyii
Afala tara, nge Nana
Laselan ai di mbom-mvet
Lanà Mbarga Osoño: abele
Akobo mvamba ai di mbom-mvet.

31. Le vers de Mbarga Osoño

Si quelqu'un doute qu'en ewondo
Il n'y ait pas de vers
Qu'il lise Mbarga Osoño
Il changera d'opinion.
Ce qu'on appelle prose
Et vers dans la langue des Blancs
Inutile d'en douter !
Existe également dans notre langue.
Va écouter un chanteur de mved.
Il chante : des battements de mains l'accompagnent
Ces chants sont des vers ewondo
Une, deux trois ou quatre mesures.
Le parler de notre Père ou de notre Mère,
Diffère de celui du joueur du mved.
Lis Mbarga Osoño:
S'y trouve le parler ancestral et celui du joueur du mved.
Table des matières